इब्तिदा

कल्पनाओं से कविताओं तक

आkanksha

BookLeaf Publishing
India | USA | UK

Made with ❤ on the BookLeaf Publishing Platform
www.bookleafpub.in
www.bookleafpub.com

Dedication

यह काव्य-संग्रह
मैं समर्पित करती हूँ,
अपने कॉलेज के उन दिनों को जहाँ मैंने अपने जीवन की सरलता और संघर्ष को कुछ शब्दों में लिखने का प्रयास किया,हर उस अनुभव को जिसने मुझे प्रेरित किया और मेरे माता-पिता, भाई और सभी उन मित्रों को जिन्होंने मुझे एक बेहतर इंसान बनाया ।

Preface

मैं एक साधारण छात्र हूं, जिसने अपने हर कार्य को कुशलतापूर्वक करने का प्रयास किया है। मैंने जब-जब खुद को कहीं खोया हुआ पाया है, तब-तब मैंने कविताओं का सहारा लिया। यह काव्य संग्रह "इब्तिदा" मैंने अपने लॉ कॉलेज के दौरान लिखना शुरू की थी। कविताओं में मेरी रूचि बहुत पुरानी नहीं है। अंततः मुझे समझ आया कि कैसे इसके माध्यम से कवियों ने अपने जीवन की कठिनाइयों को, खूबसूरती को और रुचियों को इतनी सरलता से व्यक्त किया है।यह संग्रह मेरे संघर्ष, मेरी प्रेरणा, मेरे विचारों की अभिव्यक्ति की पहली झलक है।

मैं आप सभी पाठकों का हृदय से आभार व्यक्त करती हूं जिन्होंने मेरी कविताओं को समझा और जो मेरे शब्दों के साथ चले। यदि मेरी पंक्तियाँ आपकी भावनाओं से जुड़ सकें तो मेरा लिखना सार्थक हो गया।

आकांक्षा
नई दिल्ली
20.05.2025

Acknowledgements

इस पुस्तक में लिखी हुई कविताएँ केवल मेरी सोच नहीं है। इसमे कई लोगों का सहयोग है जिन्होंने मेरी यह यात्रा को सही दिशा दिखाई।
मैं सबसे पहले अपने माता-पिता और बड़े भाई, जिन्होंने मुझे यह पुस्तक लिखने का साहस दिया, उनका आभार व्यक्त करती हूं। आप सब के प्रोत्साहन के बिना यह प्रयास सफल नहीं होता।
मेरे दोस्तों का धन्यवाद जिन्होंने मेरी कविताएँ पढ़ी और सुझाव देकर बेहतर बनाने में मदद की।
मेरी प्रेरणा के स्त्रोत वे कुछ जीवन के पल और कुछ लोग जिन्होंने मुझे अपने विचारों को कविताओं में बदलने के लिए प्रभावित किया।
साथ ही विशेष रूप से सभी पाठकों का आभार व्यक्त करती हूं जिनके लिए यह कविता लिखी गई है। बिना आपके समर्थन के यह सम्भव नहीं हो पाता।
यह संग्रह हिंदी कविता के प्रति मेरे प्रेम का एक छोटा सा प्रयास है, जिसे मैं विनम्रता के साथ प्रस्तुत करती हूं।

काग़ज़-कलम

ये काग़ज़ की कहानी है
और कलम एक किरदार है
जो प्रेम से लिखो तो पत्र है
जो फेंक दिया तो बेकार है

कहीं रखा हो किताबों में
तो याद सा बन जाता है
कभी जलता है जो इश्क़ में
तो राख सा बन जाता है

कभी इस जिंदगी को कुछ
इस तरह आसान बनाता है
जो याद करूँ बचपन को तो
पानी में कश्ती बन जाता है

ये लिखी कविता भी उस
काग़ज़ की ही कहानी है
बातें जो मेरे मन की हैं
सब कलम की ज़ुबानी हैं

मन की मंज़िल

कभी मिल जाता है उसे जो उसका नहीं
कभी मिल जाये तो खोया सा रहता है
कभी मिलूँ मैं भी उस शख्स से
जो मेरे अन्दर सोया रहता है

कभी नज़रें नहीं मिलती है उससे
जो चेहरा आईने में दिखता है
मेरी कहानी में मेरा किरदार
फिर कैसे अच्छा दिखता है?

कभी वक़्त नहीं कटता तो
कभी हर पल में ज़िन्दा हूं
जो कैद है मन की ज़ंजीरों में
मैं कहता खुद को परिंदा हूं

. एक शहर , एक दोस्त

कभी सोचो तो शहरों में क्या होता है ?
जो याद आये भी अगर तो क्या होता है
पूछे जो कोई के क्या है वहां
बचपन हो जहाँ, वहाँ क्या क्या होता है

जब वक़्त अपनी मुट्ठी में था, गालियों में एक शोर था
जब शाम ढलने का तो मतलब ही कुछ और था
जब दोस्तों से मिले एक ज़माना नहीं होता था
सोचता हूं ये क्या है, वो क्या दौर था

एक सफ़र में हूँ, वो शहर छोड़ आया हूँ
अपने दोस्त को किया वादा भी तोड़ आया हूँ
कैसे यकीन आये ये वही जिंदगी है
जिसे जीने के लिए, जीना छोड़ आया हूँ।

हाँ, मैंने देखा है !

"

हाँ मैंने देखा है
अक्सर जब वो रोती है
पूछो तो कुछ कहती ही नहीं
माँ क्यूँ ऐसी होती है

हाँ मैंने देखा है
जब याद वो दिन आते थे
जब मैं वहाँ रुक जाता था
जहां दोस्त मिल जाते थे

हाँ मैंने देखा है
कहीं किस्मत भी लिखी होती है
मिल जाये जो कुछ आसानी से
कदर क्या उसकी होती है?

हाँ मैंने देखा है
कैसे वक़्त गुज़र जाता है
ये पल दो पल का जीवन है
फिर क्यूँ तुझे नहीं भाता है।

दो बातें;

“ये जो लम्हा खुशी का है, ज़रा हँस लो
ये जो उदासी है, बहुत देर तक रहने वाली है”
**

“किस-किस से डर लगता है कैसे बतलाऊं मैं
कहीं मिल ना जाये उससे ज़्यादा जो माँगा मैंने”
**

“एक ख़्याल मुझे मेरे बारे में भी आया
आज एक उम्र बाद जो तुमसे फ़ुरसत मिली”
**

“कुछ सीखने के लिए एक हादसा भी काफ़ी है
यूँ हर रोज़ तो जिंदगी समझ भी नहीं आती”
**

आज़ादी

हैं अगर तेरे ख़्याल आज़ाद
तो आज़ाद हो तुम
है उम्मीद ही जब एक सवाल
फिर कैसे कहें आज़ाद हो तुम?

है तम्मना जो हर साँस जीने की
तो आज़ाद हो तुम
है बदलती फ़िज़ाओं का खौफ़ अगर
फिर कैसे कहें आज़ाद हो तुम ?

है हिम्मत तो कर तू अश्कों को आज़ाद
तब कहें के आज़ाद हो तुम
है खुद में ही कैद होने की तलाश
फिर कैसे कहें आज़ाद हो तुम ?

मन का भय

मरीज़-ऐ-ख़्वाब ही तो हैं वो
जो हकीक़त से डरते हैं

अंधेरों में जीने वाले
आफ़ताब से डरते हैं

जो ख़ुद को न पहचाने वो
क्यूँ ख़ुद से ही डरते हैं

जिंदगी को जो आदत बना ले
मौत की हाजत से डरते हैं

सफ़र की पैमाईश करते हैं वो
जो मंजिल से डरते हैं

भटकते हैं वो दरबदर जो
घर लौटने से डरते हैं।

मरीज़-ऐ-ख़्वाब: सपने देखने वाला

कुछ नया सा है!

एक मुस्कराता हुआ चेहरा, कुछ नया सा है
ये जीने का सलीक़ा, कुछ नया सा है

सो जाऊँ जो दिल में उम्मीद ले कर
फिर आँखों में एक इंतजार, नया सा है

क्यूँ वही जिंदगी अब समझ नहीं आती
ये कौन सा नगमा उसका नया सा है

लौट आया अपनी मंजिल को क़रीब से देख कर
अब सफ़र से ये रिश्ता कुछ नया सा है

मुझे अक्सर खुश देखा है जिसने वो
एक मेरा दोस्त, नया सा है

फिसल गया हाथों से रेत की तरह
एक साल बीता, एक साल नया सा है ।

सपनों की ओर

अभी कुछ दूर सही, मगर मंजिल नज़र आती है
हर रस्ते को तेरी मेहनत , नज़र आती है

माना तेरी कोशिशें अब थकने लगी हैं
फिर चल दे, अब भी जो हिम्मत नज़र आती है

डर लगता है अब भी, तो लगने दे
कुछ करने की चाहत तो डर में नज़र आती है

सुकून, चैन, नींद, आराम ...सबका इंतज़ाम किया है
तेरी मंजिल को तेरी तबियत नज़र आती है।

दो लम्हे;

“मुझे यकीन है तुम्हारी इस मायूसी पर
यूँ ऐसे तो ना तुम हर बात पर मुस्कराते”
**

“फितरत है जिसकी किसी का ना होना
कैसी उम्मीद तूने वक़्त से लगा रखी है”
**

“कहीं ठहर कर मुझसे बात तो कर
ऐ जिंदगी मुझसे मुलाक़ात तो कर”
**

“मैंने अँधेरों के लिए चाँदनी बचा रखी है
तुम आओ, मैंने एक जिंदगी बचा रखी है”
**

एक पत्र;एक फूल

कैसे बताऊँ ये जादू सर्द रात का है
मुझ पर ये असर मुलाकात का है
थोड़ी कोशिश लिख कर तो मैं भी कर लेता हूँ
बाकी ये खेल जज़्बात का है

जो कुछ हासिल ना हो तो गिला क्या है
आख़िर अपनों से ऐसा मिला क्या है
तेरी आँखें बता रही हैं हकीक़त तेरी
ये झूठ बोलने का सिलसिला क्या है

मैं सोचूँ तो कुछ याद आता नहीं
बहुत कुछ बाकी है, कहा जाता नहीं
एक ख़त जो मैंने लिख दिया है
वो ख़त मगर भेजा जाता नहीं

एक फूल तेरा मेरी किताब में है
मेरे सवालों का घर तेरे जवाब में है
बहुत कुछ आया है मेरे हाथ मगर
वो बात कहाँ जो उस गुलाब में है।

हैरान हूँ!

ये जो एक लम्हा है
जैसे बहता पानी है
क्यूँ रुक जाता है तुझसे मिल कर
एक ये भी हैरानी है

वो छुप गया है बादलों में
मगर ये रात चाँद दीवानी है
आज उसकी भी कोई ख़बर नहीं
एक ये भी हैरानी है

बीत रहा है बेपरवाह
ये वक़्त की कैसी मनमानी है
ये साल भी आधा गुज़र गया
एक ये भी हैरानी है

ख़ामोश बातें

हवा चलती है मगर, ये कैसी ख़ामोशी है
दिल में तो है शोर मगर, बाहर ख़ामोशी है

ना जाने किस-किस को मैं खुश करता रहा
मेरे दोस्त के चेहरे पर क्यूँ ख़ामोशी है

मेरी आवाज़ कैसे तुझ तक नहीं जाती
तुझसे कहना चाहती बहुत कुछ मेरी ख़ामोशी है

और जब मैंने बारिशों से भी दोस्ती कर ली
ये बादलों में फिर कैसी ख़ामोशी है

बहुत सवाल करने हैं मुझे तुमसे
क्या बहुत देर तक रहने वाली ये ख़ामोशी है

तेरा शहर !

के खो ना जाऊँ मैं तेरे शहर में कहीं
के घर मिल जाए मुझे तेरे शहर में कहीं

मैं याद करूँ भी तो याद ना आए
हर शाम मेरे शहर की, तेरे शहर में कहीं

कुछ सपने तो मैं साथ लेकर आया था
कुछ उधार लूँगा मैं, तेरे शहर में कहीं

सहम जाता हूँ अक्सर मैं ये सोच कर
कहीं दिल ना लग जाये मेरा, तेरे शहर में कहीं

दो पल;

“असल में ये हिज्र कुछ नहीं होता है
वो शहर से गया तो दिल में होता है”
**

“एक दोस्त था हो अजनबी बन गया
इतना लंबा सफर तो मैं तय कर आया हूँ”
**

“कुछ बोलो तुम, कुछ सुनाऊँ मैं हाल अपना
चलो ये दोस्ती और गहरी करें हम”
**

“एक हिमाकत है जो उसने की है
ये जिंदगी तो वो भी जी लेता है”
**

मैं खोया सा हूँ

जितना भूलूँ खुद को
उतना ही सब याद आये
मेरा दिल बहलाने वाले
मुझ जैसे ही बर्बाद आये

बहुत शौक बाकी हैं
बहुत देखा है ज़माने में
अकेला फिर रहा हूँ दरबदर
वक़्त लगता है एक दोस्त बनाने में

टूटे ख्वाबों को मैं
मुश्किल से सिल लेता हूँ
मैं मुझसे मिलने के लिए
किस-किस से मिल लेता हूँ

ना शिकायत, ना सवाल

सपनों की जंजीरों में उलझा हूँ
मुझे शिकायत नहीं है

तू चाहे मेरे जितने इम्तिहान ले ऐ-जिंदगी
मुझे शिकायत नहीं है

एक उम्र किया है मैंने उसका इंतजार
मुझे शिकायत नहीं है

मैं मंजिल को छू कर भी लौटा हूँ अगर
मुझे शिकायत नहीं है

सब कुछ हाथों से जाते देखा है मगर
मुझे शिकायत नहीं है

तूफानों से दोस्ती कर जो डूबी कश्ती भी तो
मुझे शिकायत नहीं है

किस्मत की बाज़ी

क्या-क्या माँगू मैं तुझसे जिंदगी
क्या होता जो कुछ बिन मांगे मिल जाता

कुछ मेरी शिकायतें कम हो जाती
कुछ सुकून तुझे भी मिल जाता

मेरी तलाश तो वहीँ खत्म हो जाती
जो तेरे नज़दीक कहीं एक घर मिल जाता

मैंने इंतज़ार किया है जिसका बरसों से
क्या होता जो वक़्त से पहले मिल जाता

मेरे सपनों के आगे एक हकीक़त सी छा गई
कुछ और वक़्त शकर- ख़्वाब का मिल जाता

शकर- ख़्वाब- मीठा नींद

जीवन-संघर्ष

अभी तो जिंदगी बाकी है
तू बहुर दूर तक जाएगा

जो भी छूट गया है तुझसे
किस-किस तरह सब मिल जाएगा

बहुत वक़्त गुज़र गया होगा पाने में उसे
जो वक़्त अब तेरा लिख जाएगा

रास्ते भी नए मिल जाएंगे तुझे मगर
तेरा एक दोस्त पुराना रह जाएगा

और जो कुछ मन का ना भी हुआ तो
कुछ नया किस्मत में लिख जाएगा

जो कभी हो तसल्ली दिल को तो कर लेना
क्या होगा अगर कुछ रह भी जाएगा

तो भूल मत जीना ये पल भी जीवन के
ये पल दो पल में मिट जाएगा।

दो शब्द;

“एक कदम भी मुश्किल है यहाँ
उसके घर मगर रास्ता यही जाता है”
**

“बारिशों का ख़ौफ़, हवाओं का डर था
कैसे समझाऊँ मैं, कच्ची मिट्टी का मेरा घर था”
**

“कभी फूल, कभी ख़त रख लेता हूँ
मैं उससे मिलने का सबूत रख लेता हूँ”
**

“मैं जानता हूँ ये जुदा होने का तरीक़ा
के अब तुम किसी बात पर नाराज़ नहीं होते”
**

कभी धूप,कभी छाँव

तेज़ हवाओं के जज़्बे से
कितने रंग उड़ जाते हैं
जैसे गहरे काले बादल
नीले से पड़ जाते हैं

भीनी-भीनी धूप जैसे
आसमान में खिल जाती है
पेड़ों की छाँव ही कैसे
सिर की छत बन जाती है

परिंदों का हौंसला भी
धीरे-धीरे बढ़ जाता है
जो इन हवाओं का साथी है
वो घर वापिस आ जाता है।

मैं और तुम

तेरे दिल का हाल तो जानू मैं
ये फ़ासले कम भी होने दे
दिल चाहता है खुश होना
अश्क़ों से जुदा होने दे

गुज़रती ये शाम नहीं है
और वो ज़िंदगी बिता रहा है
इरादे ठीक नहीं लगते उसके
मुझे जीना सिखा रहा है

बहुत लंबा सफ़र है तुझे पाने का
और अब थकने लगा हूँ
भूलना चाहूँ भी तो भूलूँ कैसे
मैं तुझ जैसा दिखने लगा हूँ

पतझड़

हवाओं का हौंसला बढ़ जाता है तब
जब पत्ते पीले पड़ जाते हैं
मौसम में जुदाई के किस्से
पतझड़ से बढ़ जाते हैं

कुछ रंग नए चढ़ जाते हैं
कुछ बे-रंग सा हो जाता है
क्या फीके-सूखे पत्तों से
शाखा का मन भार जाता है ?

कुछ पलों का ये बिछड़ना है
फिर मौसम भी बदल जाएगा
सूनी-सूनी डाली पर
हरा रंग चढ़ जाएगा

“घर”- एक मंज़िल

एक अरसे बाद मैं लौट आया हूँ
मैं आज अपने घर आया हूँ

आज भी छत पर वही शाम आती है
उससे मिलने कि लिए कुछ वक़्त ले कर आया हूँ

ये बारिशें मेरे आँसुओं को छुपा रही हैं
के मैं हर बार यहाँ खुश आया हूँ

सब कुछ जब अपना सा है यहाँ
क्यूँ छोड़ इसे, ग़ैरों में आया हूँ

कल चल दूँगा फिर सपनों के पीछे
एक मंज़िल पाने को, एक मंज़िल छोड़ आया हूँ

एक शाम

ढल रही है धीरे-धीरे
शायद कुछ उदास है
कुछ बदल रहे हैं रंग उसके
क्या वो तेरे पास है?

मुझे इंतजार होता है जिसका
वो शाम हर शाम तो आती है
देखती है मुझे जी भर के
कह कुछ भी नहीं पाती है

थोड़ी तो बेचैनी है
दिल को भी आराम नहीं है
ये तुझसे मिलने की
पहले जैसी शाम नहीं है

कुछ इधर-उधर की बातें !

“खुले आसमान में साँस लेना चाहता हूँ
इस कहानी में एक परिंदा होना चाहता हूँ”
**

“जब ख़ुद से ख़ुद तक की ये कहानी है
फिर किरदारों का तमाशा देखना कैसी नादानी है?”
**

“क्या हासिल न हुआ, क्या पाया मैंने
हिसाब रखा फिर भी बहुत लुटाया मैंने
कल फिर उसके शहर से गुज़रा था मैं
याद आया वहीं जहाँ भुलाया मैंने”
**

www.ingramcontent.com/pod-product-compliance
Lightning Source LLC
Chambersburg PA
CBHW070653240926
51846CB00003BA/904
* 9 7 8 9 3 7 1 5 6 2 0 9 6 *